그래도, 난
그대의 이름을 부르리

박승범 시집

오늘의문학사

국립중앙도서관 출판시도서목록(CIP)

그래도, 난 그대의 이름을 부르리 : 박승범 시집 /
지은이: 박승범. -- 대전 : 오늘의문학사, 2015
p. ; cm. -- (오늘의문학시인선 ; 347)

ISBN 978-89-5669-673-7 03810 : ₩8000

한국 현대시[韓國現代詩]

811.7-KDC6
895.715-DDC23
CIP2015009681 CIP2015009681

그래도, 난
그대의 이름을 부르리

▌책머리에

순간이었습니다

끝 모를 절망의 터널에 갇혀
끊어질 듯 이어지는 호흡을
간신히 이어간 적 있었습니다

그 때
빌고 또 빌었습니다

'시간이여! 제발 빨리 흘러다오'

이제는,
열리는 하루가 감사하고
눈에 들어오는 세상
그 모두가 아름답기만 합니다

그대와 함께
내일이 오는 소리를 듣고 있는
난, 행복합니다

2015년 4월, 박승범

■ 차 례

제1부 내 마음의 연못

제2부 눈물꽃, 그대에!

제3부 다시, 부르고 싶은 노래

제4부 아름다운 세상, 그리운 이에!

제5부 잃어버린 별을 찾아서

제1부

내 마음의 연못

교감 交感

출근 시간을 놓쳐
수저를 드는가 싶게 내려놓고
안전화를 신습니다

하얀 비닐봉지에 싸인
사과 한 알이
그 안에 들어 있습니다
웃음이 나오면서도, 한편으론
가슴이 뭉클했습니다

싫은 기색 없이
새벽밥 뚝딱 차려놓고
가만히 누워있길 좋아하는
그 사람

볼을 몇 번 토닥이며
저녁에 만나자는 말 한 마디
머리맡에 살며시 내려놓고
문 밖을 나서는 새벽길

곁에 있을 땐 모른다

숲길을 걷는다, 한 잎
낙엽으로 떨어지는 작은 새 한 마리
날개를 바르르 떤다

어미를 찾고 있었던 걸까
홀로 남아 울고 또 울다 지쳐
의식을 잃어가는 저 가냘픈 영혼

만약,
그 사람이 먼저
내 곁을 떠나기라도 한다면…

큰 아이는
슬픔에 슬픔을 더하면서
흐느끼지 않을까

작은 아이는 더 섧게 울면서
몸을 떨고 있지는 않을까

아니야, 가슴을 움켜쥐고
내가 먼저 피눈물 쏟아내지는 않을지

바람이 상큼하다
묵상을 잠시 멈춘 나무들이
옷소매를 잡아당긴다

그 목소리 들리는 듯

낙엽을 주워들고
마른 향기라도 맡고 싶을 때

뗏목 흩어지듯
하나 둘씩 풀려나가는 인연들
물끄러미 바라보고 있을 때

들리는 듯
그 목소리

모두들,
황망히 떠나버린 빈 들녘
홀로 걷기라도 하는 날이면

들려오는 듯
그대 목소리

그렇게 흐를 거라면

겨울을 보내고
다시 봄을 보내면서
눈빛을 나누던 인연들이여!

끼리끼리 모이고
영역을 더 넓히려 애쓰다
그만, 손 놓을 거라면

강물처럼
노을처럼
홀로 서 있어 보라

휩쓸리는 빗물처럼
그렇게 흐를 거라면

그래도, 행복한 사람

어느 언덕이든
이것 쯤이야, 팔 걷어붙이는

낮은 곳 두루 살펴보는
따사로운 눈빛, 끊임없이
고뇌苦惱하고 사유思惟하려는

그들과 함께 하면서
할 일 남아 있는 사람은
그래도, 행복한 사람

뭔가를 즐기는 사람들이
앞 뒤 연연하지 않고
몰입할 수 있는 것만으로도
희열을 만끽하듯

삶은,
쉼 없는 흐름, 마지막
한 점마저 소멸될 때까지
정열을 불태우는 것

그리하여, 끝내는

그대의 가슴에

한 송이 그리움으로 피어나는 것

꽃밭

여전히
알 수 없는 세상

꽃밭이라서
비바람 비켜가지는 않았을 텐데
아무리 살펴봐도, 그런
흔적은 보이지 않습니다

상처 자국을
숨길 줄 모르는
나의 가벼움을 가리키며
꽃들은 말합니다

긴 기다림 끝에서
아무도 모르게
꽃망울은 조금씩 아주 조금씩
그렇게 열리는 거라고

누가 그대를

누가 그대를
빈손이라 하는가

첫새벽,
출근길에서 마주치는
들짐승의 따스한 눈망울
햇볕을 찾아 산기슭을 찾는
수꿩의 잰걸음

잔잔한 노을빛 흐름
머무는 곳마다 피어오르는 향기
손짓하는 산봉우리들

그대 것 아닌 게 없고
마냥, 신비롭기만 한데

바다는 그리움으로 출렁이고
지평선은 별들을 품고
그대의 발걸음은 가볍기만 한데

누가 그대를
빈손이라 말 하는가

간이역

그들은, 갖가지 이름으로
내 앞을 스쳐갔다

산맥을 넘어온 눈보라로
어느 늦은 밤
떨쳐버릴 수 없었던 외로움으로
속울음으로, 간혹
향기로운 꽃바람으로
그렇게 내 앞을 스쳐 지났던
그들은, 어느 굽이를 돌아
종착역에 닿았을까

이제는,
떨쳐내려 애쓰지 않고
모두를 껴안을 수 있을 것만 같은
그들이 그립다

하고 싶은 말 많아도
잔잔한 웃음으로, 때로는
눈물로 대신하고 싶다

산다는 것은, 한순간에
스쳐지나갈 간이역 같은 것

늘, 그 자리

제일 먼저
능선을 오르는 나무들

고향의 앞뜰
까맣게 그을린 이름들

빈 가슴을 채워주는
상큼한 향기

머릿결 정성껏 매만지며
하루를 설계하는 당신

텃밭 긴 뿌리처럼
늘, 그 자리

못 잊어 다시 돌아오는
깊고 깊은 그리움의 강

다시, 나에게로

그동안,
수 없이 쏟아낸 나의 언어들은
어느 곳으로 갔을까

지상으로 흩어져 꽃이 됐을까
하늘로 날아가 별이 됐을까

어느 빈 가슴을 찾아가
그리움으로 채워졌을까

아니면,
아픔으로 날아가 무고한 영혼들의
목덜미를 잡아당기는 일 없었는지

무심코 쏟아낸 허물들아
다시, 나에게로 오라

들꽃의 노래

청춘의 산모롱이
다시 피어오르는 그리움

햇살 닿는 곳이면
더 바랄 게 없지만
못 본 척
아무도 눈길 주는 이 없어도
비 개인 날
푸른 하늘을 볼 수만 있다면
별을 볼 수만 있다면

마냥, 머물고 싶은
당신의 가슴처럼
그렇게 아늑한 곳이면…

때로는, 기다림

그것은,
수년도 아닌
평생을 공들여
꺾인 꽃대를 일으켜 세우는 일

이른 아침
먼 바다를 향해
가슴을 부풀리는 어선처럼
희망이며 잔잔한 설렘

절망의 언덕에서도
의지의 꽃이 피어나듯
그렇게 향기를 품고
소리 없이 다가오는 것

한 발 더
앞지르고 싶어 하는 그대여!
이제는, 가슴 한 곳에
기다림 한 그루쯤…

민들레

좋은 곳 찾아
모두들 떠난 자리

여기
이대로
난 편안합니다

큰 길 따라가던 바람 한 줄기
낮은 언덕 아래로 내려와
내 작은 꽃잎 어루만지는
당신의 손길

여기
이대로
난 행복합니다

상처 자국

하루의 길목,
가던 길 멈추고
허리 꺾인 채 꽃등을 달고 있는
나무를 한참동안 바라보았을 때나

새벽길,
불편한 날개를 연신 퍼덕이며
어디론가 부지런히 날아가는
한 사내를 바라볼 때만 해도

나의 시선은,
한 점 연민을 응시하고 있었지만
이미, 그들의 상처 자국은 아물어
새살이 돋아난 뒤였습니다

깊고 깊은 상처가
어느덧,
내 삶의 자양분이 되고
희망의 뿌리가 된 것처럼

아, 욕심이었나

무대 위에서 이끌려 내려왔을까
몸을 제대로 가누지 못하는 사람을 보면서
길을 함께 걷고 있던 아내에게 말했습니다
“만약에, 내가 저렇게 되면
생명 연장 치료 같은 건 하지 말아 줘
의지대로 못 하고 도움을 받게 된다면
서로가 못 할 짓이잖아”
아내는, 어이없다는 듯 가볍게 말을 받습니다
“그렇다면, 유언을 남겨요…”
“알았어, 공증까지 할께 꼭 그렇게 해 줘”
아직은 힘 있는 목소리로 말했습니다만
사람답게 살 날은 얼마나 남았을까
늘 곁에 있어 준 사람에게
사랑한다는 말은 몇 번이나 하게 될까
더는 다른 사람의 마음을
아프게 하는 일 없어야 할 텐데
낙엽이 떨어져 가는 곳 모르게 홀연히 떠나듯
그렇게 향기를 남기고 깔끔하게 가야지
그럴 듯한 말이 더 없을까 머릿속은 분주한데
아내가 브레이크를 밟듯 말합니다
“당신, 욕심 없는 줄 알았는데…”

야생화

처음부터,
나의 이름은 묻혀 있었습니다
뿌리 내릴 한 뼘의 영역마저 빼앗겨
식솔들을 거느리고 유목민처럼
이 곳 저 곳을 떠돌았습니다
바람 앞에서 다시 꺾이고
심장을 움켜쥔 채
내리는 비를 맞고 또 맞았습니다
어느 땐,
언덕 위 양지바른 곳을 찾아
그렇게 낯선 모습으로 먼 곳을 바라보며
한껏 가슴을 부풀리기도 했습니다만
평온과 자유로움이 있는 곳
서로 손 내밀어주며 눈빛을 주고받는
이곳처럼 마음은 편치 않았습니다
계절이 바뀌고, 언젠가는
핏기도 엷어지고 마디마디 삭을지라도
영혼만은,
그대의 강가에서 불꽃처럼 피어 있을
난, 이름 없는 야생화입니다

조금은 떨어져서

혼자이면서
혼자가 아닌
크고 작은 나무들

적당한 거리에서
이상理想의 가지들을
천천히 밀어 올리는 아름드리

그랬었지,
숙성되지 않은 나의 의지는
앞으로만 내달리다 부딪치고 넘어졌던
아쉬움의 나날들…

너무 멀지도
가깝지도 않은 거리에서
당신을 봅니다

홀로서기

눈비를 맞아도
가시덤불에 온 몸을 찔려도
어린 나무들은 울지 않았습니다

큰 나무는 모르는 척
먼 곳을 바라보기만 했습니다

등에 업히라든가
두 팔 벌려 안아주지도 않았습니다

다만, 어깨를 펴고
나란히 걷게 될 그 날까지
묵묵히 지켜볼 뿐입니다

그 옛날, 곁에서
그늘을 넓게 펼치며
지켜보던 큰 나무가 그랬듯…

첨병

— 2005년 12월

독도경비대장 임무를 부여 받고
대원들과 함께 울릉도를 뒤로 하면서
보내 온 전화 한 통

"아버지, 지금 승선을 했습니다
앞으로 두 시간 후 독도에 도착합니다
하실 말씀 있으면 지금 하시죠"
"그래, 첫째도 둘째도 안전이다"

비장함이 서려 있는
둘째 아이의 짧은 목소리를 들은 뒤
잠시, 하던 일 멈추고
먼 동쪽 하늘을 본다

여러 말 하지 않아도
어깨 활짝 펴고 스스로
앞길 헤쳐 나가는 아이지만

행여, 고독이 밀려오면
그 곳을 지키기 위해
투혼을 불사르던
선배들을 기억하라

의지의 날을 갈고 또 갈아
몰려오는 야욕의 파고를 무너뜨리고
누구도 넘보지 못할
동해의 첨병으로 서 있거라

제2부

눈물꽃, 그대여!

객창에서

— 현장일기

뒤돌아보면 안 돼…

당분간 돌아오지 못 할
천리 길을 새벽같이 달린다

낯익은 들꽃,
달빛까지 뒤따라 왔어도
여전히 낯선 밤하늘

적적함 속에 홀로 갇혀 있을
당신의 눈빛은
지금 쯤
어느 곳에 머물고 있을까

창 밖,
밀려오는 쓸쓸함
풀숲으로 잦아들 때까지
내리지 못할 것 같은
전등 스위치

낮달

— 현장일기

느릅나무 아래
어린 별들을 거느리고
늦은 밤까지 꼬박꼬박 기다려주던
그대 아닌가

고단한 육신을 눕히기라도 하면
새벽녘까지 머리맡을 지켜주던
그대, 어쩐 일인가

어떻게 일하는지 궁금하다며
현장엘 와 보고 싶다던, 그대
이렇게 불쑥 찾아와
수줍은 듯 웃고 있을 줄이야

어둠이 내리면,
발그스름해지는 그 얼굴
가까이 보기 위해 기다려지는 귀갓길

삼복더위

— 현장 일기

무아지경에 빠진 바위
탱탱하게 부풀어 오르는 장비의 혈관

숲은, 기회를 잡은 듯
생명력까지 불태워
더욱 검붉게 퍼져나갑니다

땀내 짙게 배인 작업복
검게 그을린 얼굴로 나타나면
그 사람은 그렇게 말하곤 합니다

"멋있다"

그 한마디에 놀란 무더위가
한 발짝 뒷걸음치는 사이
서로 얼굴을 보며
한바탕 웃곤 합니다

그대는 바람으로 오는가

— 현장 일기

"아주 급한 일 아니면
전화 연락을 하지 말아 줘, 그래도
꼭 할 말 있으면 점심시간에 하든지…"

일에만 열중하기 위해, 언젠가
그 사람에게 그런
냉정한 부탁을 했었습니다

그 뒤로,
외로움과 싸우는 나를 위해
자주 보내주던 문자 편지도
힘을 보태주던 그 목소리마저 끊겨

발길 끊긴 호수처럼 적적한데
이따금 불어와 곁에서 머뭇거리다
가는 줄 모르게 사라지는 바람

그대는
정녕, 바람으로 오는가

폐기물 처리장

— 현장 일기

죽음의 행렬,
덤프트럭에 가득 실려 오는
건축 잔해물이며 생활 쓰레기들을 본다
기름진 언변들을 쏟아내며
느릿느릿 걷던
한 시절의 풍요는 보이지 않고
녹슬고 부서지고 일그러진
한결같은 저 몰골들…
가까스로, 다시 살아남아
달라진 모습으로 이곳을 떠난다 해도
지난날처럼 목청 높일 수 있을까
얼마간의 수명을 다 하고 또 다시
이곳으로 실려와
재생 불능의 폐기물이 되어
영면의 길로 접어드는, 저들의
마지막 뒷모습…

흔적

— 현장일기

지난 밤,
제법 많은 비가 내려
말끔히 씻겨 내려간
산 속, 도로공사 현장

사방은,
침묵의 제왕처럼
움직임 하나 없는데

선명하게 찍혀 있는
산짐승들의 발자국들
먼 훗날 아주 먼 훗날까지
화석으로나마 존재를 알리고 싶었을까

햇살이 먼저 내려와
조심조심 흔적들을 덮습니다
나도, 그 위에
고운 흙을 골고루 펼친 뒤
육중한 장비로 밟고 또 밟습니다

흙을 파내며

— 현장일기

이슬이 걷힌다
덩치 큰 굴삭기로
흙구덩이를 파고 또 판다

깊게 묻어야 할
용도 폐기된 기억들

버리고 또 버리면
저 산울림처럼
가벼워지는 날 있을까

어느새,
나지막한 산등성이 위
작은 손 흔들어 보이는
저녁별 보인다

김씨

— 현장 일기

새벽 너머
이슬 밭에 잡목들과 어울려 서 있는
등 굽은 나무를 보면
쑥쑥 자라고 있는 외로움을
무딘 낫으로 베어내며 고향을 지키는
집안 형님을 보는 것 같다
어제도 그랬지만
묵은 가지 위로 새들이 날아와
물고 온 바깥세상 이야기를 떨어뜨려도
어느 것 하나 주우려 하지 않고
은빛 이파리를 흔들어 보이는
김씨, 날선 햇살이 발등에 꽂혀도
흘러내리는 땀방울이 깊은 골을 남겨도
그저, 뜻 모를 웃음을 보일 뿐
세웠던 허리를 이내 굽힌다
오후의 꼬리를 밟는 노을
산나리의 수줍음처럼 곱다

모닥불

타오르는 모닥불
불행의 잔가지들을 꺾어 던지며
아내는, 불꽃을 활활 키운다

많은 것 원하지도 않았고
이대로 행복하다며
아침마다 노래를 부르던 사람

타오르는 불꽃
그 위에 뿌려지는 마지막인 듯한
긴 - 한숨

다시 걷는
그 사람의 종아리엔 근육이 붙고
정원에 돋아난 초록빛 눈부시다

날아가는 새를 보면서

— 당신에게

멀리 날아가는 새를 보면서
당신을 생각합니다
비 가림 하나 없는 둥지에서
알을 품어 부화를 하고
쉴 새 없이 먹이를 물어 나르고
그것도 여의치 않을 땐
영혼의 살점까지 뜯어 먹이며
양 날개 돋아나길 기다린 사람
어쩌다, 햇살이라도 찾아주는 날이면
닳아진 부리로 깃털을 만져주고
높은 나무 위에서, 때로는 절벽 위에서
추락을 무릅쓴 비행 연습까지
서슴없었던 연유일까
어느덧, 꿈을 찾아 날아가는
아이들의 저 힘찬 날갯짓을 보며
다시 당신을 생각합니다
어느 날, 뒤도 안 돌아보고
저들만의 세상으로 훨훨 날아가겠지만
난, 당신에게 젖은 눈빛으로 말합니다
언제까지나 그렇게 떠 있을
내 가슴 속 큰 별이라고

독백

아내의 일이 잘 안 풀릴 땐
독백처럼, 나지막하게
한마디 흘리곤 합니다
'왜, 꿈에도 나타나 주시지 않는지…'

며느리인 아내에게
듬뿍 안겨주신 사랑
두고두고 못 잊어하는 아내가 어느 땐
딱하기도 합니다
그럴 땐 나도 한마디 되뇌입니다
'오래 계셨더라면 사랑을
더 많이 받았을 텐데…'

어머니,
비바람 막아주시던 아버지 곁에서
깃을 펼쳐 품어주시고
언제나 따뜻한 미소로
다독여주시던 것도 모자라
여전히 머리맡을 지켜주시는 별
고맙습니다 어머니

하느님, 고맙습니다

— 2006년 12월 20일

"아버지,
어머니가 교통사고로 머리를 다쳐
병원 응급실에 누워계십니다"
작은 아이의 짧고 가라앉은 전화 목소리
'그러면 어떻게 되는 거지…'
승용차를 몰고 고속도로를 달리면서
빌고 또 빌었습니다 제발, 살아만 있어라
어떠한 운명 앞에서도
내보이지 않았던 눈물이 흘렀습니다
옛날엔 다툼도 많았지만
생각이 크고 영혼이 맑은 사람
그 사람은, 머리에 붕대를 동여맨 채
시트며 온 몸에 피가 흥건했지만
나를 알아보는 그 반짝거리는 눈동자
손을 잡는 순간 또 눈물이 흘렀습니다
함께 걸어온 길 그 얼마인데…
힘없는 목소리지만 또렷하게 말 합니다
"나 아직 안 가, 할 일 많이 남았어…"
그러면서, 늘 그랬던 것처럼
환한 웃음을 내보입니다
하느님, 고맙습니다

눈물꽃

메마르고 황량한 땅

어떻게 피었느냐 물으면
한참을 머뭇거리다
눈시울만 붉게 물들일 것 같은
한 송이 들꽃
맑은 영혼 속에 뿌리를 내린 듯
의식 깊숙한 곳까지 스며드는 향기
들여다볼수록 깊고 넓은 바다
닿는 눈빛이 아프다
절망의 능선을 넘는 바람,
지평선 끝에서 들려오는 희망의 노래,
모두들 가던 길 멈추고
여행 길 함께 하려는 듯
그와 어깨 나란히 선다

이젠, 외로움 모르고
언제까지나 활짝 피어 있을
당신,
눈물꽃

편지

— 병실에서

어느 날, 여행길 떠났던 그에게
문자편지 한 통을 보냈습니다
"언제나, 희망이 넘치는 당신
즐거운 여행이 되길…"

곧, 답이 날아들었습니다
"그토록 아끼고 감싸주는
당신 생각 하면서 잘 다녀올께
언제나 곁에 있어 줘 고맙습니다"

날마다, 노래로 시작하는 아침이나
하루치의 삶을 골고루 섞어
따끈하게 끓여놓는 저녁상이 고마워
체면치레 했을 뿐인데…

편지가 또 날아들었습니다
"혼자만의 여행 미안합니다, 혹
휴가를 낼 수 있다면 정동진이라도
함께 다녀올까 해요"

한겨울처럼 투명한
그런 친구였는데, 지금은
시간마저 멈춰버린 창백한 병실에서
기도문을 외우고 있습니다

창 밖,
세상이 내지르는 비명소리까지도
마냥, 정겹게만 들리는데…

초연超然

— 병실에서

'나는, 세상에서 제일 고귀한 사람…'
그것을 증명이라도 하듯
자신이 태어난 날엔 어김없이
흑장미 한 아름 가슴에 안고
사뿐사뿐 퇴근길 재촉하던 사람
삶의 늪지대를 지나
평온 위를 걸어가던 어느 날
죽음의 경계선 너머로 내던져져
머리를 제대로 가눌 수 없었음에도
긴 잠에서 깨어난 듯
눈망울 반짝거리고
놀라 달아났던 웃음들은
주변으로 다시 몰려들고, 어쩌면
영원히 외면당했을지도 모를
떠올리기조차 싫은 악몽 같은 순간들
하나하나 지우며
기꺼이, 내미는 용서의 손
온 몸을 떠돌고 있는 아픔을 다독이며
엄습하는 공포와 외로움 앞에서도
초연한 듯 두 눈을 감고
십자 성호를 그으며

상큼한 미소까지 지어보이는

그 사람!

관계

— 병실에서

이제,
아픔 따위는 마지막이라는 듯
뇌종양 수술의 위험을
알아차리지 못하고
편안하게 미소만 지으셨던 어머니
어린 아이처럼 보였다
밀려드는 연민을 더는 어쩔 수 없었는지
빤히 바라보며 아내는 말한다
"어머니는 바보, 바보…." 그러자
"재 봐, 재 봐!" 하시면서 언제나처럼
상냥한 아내를 보며 흐뭇해 하셨다
그 때의 어머니처럼, 곁에서
편안하게 해 주는 사람은 없지만
깨끗한 환자복을 입고 병상에 앉아 있는
아내 역시 아이 같다, 아니
병원 문 나설 때까지는
나의 영리한 아이

바보

마주 앉아
차 한 잔 나누던 아내가
불쑥 말을 꺼냅니다
"봉지쌀 알아요?"

느닷없는 물음에 말문이 막혔습니다
'그랬었지…' 모든 것 잃고
다른 세상만을 엿보고 있었을 때
그 사람은, 차마
생존의 끈을 놓을 수는 없었나 봅니다

시간이 좀 흐르긴 했어도
아무 일 없었다는 듯
건강하게 보이는 그 웃음 속에는
지금도 눈물이 묻어나곤 합니다

얼마를 더 함께 할지 모르지만
끝내. 그 깊이를 다 알 수 없어
속울음 울 것 같은
난, 바보, 바보…

빈 집

그 사람은,
며칠 동안 외국 여행을 떠났습니다
이제, 일터에서 돌아오면 혼자 남아서
고요와 그 사람의 손때 묻은 것들을
지켜야만 하는 빈 집
해 놓은 밥이 없습니다
쌀을 몇 번이고 씻어서 전기밥솥에 넣고
버튼을 눌렀습니다
운동을 끝내고 샤워를 한 뒤
벗어놓은 그 사람의 옷을
내 옷가지들과 함께 빨았습니다
늘 그 자리에 있어야 할 셔츠가 안 보입니다
찾다 못 찾으면 곧잘 묻곤 했었는데
물어볼 수도 없습니다
오늘은 그가 돌아오는 날
만약, 돌아올 기약 없는 사람이라면…
아, 괜한 생각을 했습니다
그 사람은 여전히 밝은 모습으로 돌아와
빈집을 가득 채우고
새로운 경험을 맛깔스럽게
구워낼 겁니다, 그러면

난, 언제나처럼 대가리에서 꽁지까지
식성 좋게 먹어 줄 겁니다 아마

초저녁잠

으레, 그 시간이 되면
오순도순 모여앉아
이야기꽃을 피우는 식구들 곁에서
꾸벅거리시던 당신처럼

날마다,
저녁별 옹기종기 모여들 즈음이면
저에게도 그렇게 졸음이 몰려와요

대통령 선거철 막걸리 얻어 마시고
어두운 눈길을 걸어오다 넘어져
그대로 얼어 죽었다는
노변 최씨 아저씨

하얀 침대 위에서
어이없다는 듯, 그 소식을
웃음 섞어가며 들려주신 뒤
조용히 눈을 감으셨던
그 하얀 겨울 끝자락

아직은, 이른 시간인데
또 졸음이 몰려와요, 어머니

제3부

다시, 부르고 싶은 노래

봄
— 동흥동 연가

잰걸음으로 달려와
유년의 모래톱을 간지럽히던 물결
달님의 품에 안겨
볼에 입맞춤이 있어야
비로소, 잠자리에 누워
고단했던 몸을 풀 수 있었던 아이들
아직, 가난을 덮고 있던 잔설 위로
하얀 빗줄기 한바탕 훑고 지나가면
먼 산 뒤로
활짝 펼쳐지는 쌍무지개
햇살이 내려앉는 곳마다
작고 예쁜 꽃망울들이 터져
곤충들의 날갯짓이 더욱 분주했던
축제의 나날들…
작은 새들과 한데 어울리며
부풀 대로 부푼 내 어린 가슴은
푸른 하늘을 향해
날개를 파닥거리곤 했다

여름

— 동흥동 연가

머리맡에 모깃불 피워놓고
강둑 위에 나란히 누워 바라보던 밤하늘
별들은, 송사리 떼처럼 은빛으로 빛났고
익어가는 보리밭 향기를 맡으며
스르르 잠들기라도 하면, 어느새
이마에 내려앉던 아침 햇살
그 때도 비는 많이 내렸다
외할아버지의 불호령 같은
굵은 빗줄기가 골목을 가득 메우는 날이면
허기와 무료함을 달래기 위해
경쟁하듯, 하얀 연기 모락모락 피워 올리던
올망졸망한 초가지붕들
갑자기 빗줄기 멎으면
새들은, 하늘을 향해
힘차게 솟아오르기 시작했고
다시, 강물 속으로 풍덩풍덩 뛰어든
아이들과 뒤섞이면서도
강둑을 조용히 걷던 그 소녀를
힐끗힐끗 보면서, 나는 더 신바람 났었다

가을

— 동흥동 연가

언제나 그러했듯, 가을은
분주한 발자국 소리로부터 왔다
우마차에 실려 온 볏단들은
높은 희망의 노적가리가 됐고
강변 남새밭,
이랑을 일궈 김장용 씨 뿌리기
일손을 돕던 아이들은
피곤마저 잊은 채, 늦은 밤
떨어지는 별똥별을 헤아리며
술래잡기 놀이에 정신이 없었다
빈 들녘, 어느덧
평온으로 채워지고
찬 서리 내리기 시작하면
품앗이를 해가며, 서로의
허기진 곳간을 채우기 위해
추수를 서둘렀던 어른들
지금은, 어느 외딴 곳
양지바른 곳에 도란도란 모여 앉아
옛 추억을 엮고 있을까

겨울

— 동흥동 연가

밤새껏,
함박눈 펑펑 내리던 날이면
제일 먼저 강둑에 올라
실눈으로 바라보던 은빛 마을
세찬 눈보라가 몰아치기라도 하면
서로 부둥켜안고
침입자를 물리치곤 했던 초가지붕들
시장에 가셨던 아버지가 늦은 밤까지
돌아오지 않으실 땐 시린 손 호호 불며
마을 어귀까지 마중을 나가곤 했었다
혹독한 추위보다 더 무서웠던 아버지
이다음, 결혼을 해서 아이를 낳으면
안아주고 머리도 쓰다듬어 주며
칭찬도 하고, 혹
잘못이 있더라도 낮은 목소리로
"괜찮아, 앞으로 잘 하면 돼"
그런 따뜻한 모습이고 싶었지만
어느새, 다 자란 두 아이들 앞에서
여전히, 옛날의 아버지로 서 있으니…
추운 겨울이 돌아오면, 그래도
내 가슴 속 하얀 눈밭엔
아버지의 발자국이 제일 먼저 찍힌다

도살장

— 동흥동 연가

마을 한가운데 도살장이 있었다
쉴 새 없는 행렬
어느 놈은 목줄에 질질 끌려서
어느 놈은 손발 꽁꽁 묶여서
덩치 큰 놈은 고삐를 바짝 붙잡힌 채
커다란 두 눈을 끔벅거리며
그렇게, 공포 속으로 들어가곤 했다
비명소리가 온 마을을 덮었고
피비린내가 골목을 흔들었지만
울타리 밖,
어느 한 사람 그들의 주검을 향해
눈길을 주는 이 없었다
아우슈비츠 강제수용소가 그랬을까
그 시절, 겁먹은 눈에서 흘리던
그들의 투명한 눈물방울
이른 아침 출근 길
풀잎에 맺힌 이슬로 다시 만나
기억이 아프다

5월 어느 날

— 해병대 부사관 동기모임

낮게 내려앉은 하늘, 비는 내리지 않는다
비가 내린들 어떠랴
몸과 마음을 던져 조국을 지키겠다는
결연한 의지를 다지며
진해 앞바다로 모였던
그 늠름한 얼굴들을 만나기 위해
포항으로 가는 날
"한 번 해병은 영원한 해병"
그 구호 아래 우리들은 언제나 하나였다
영혼까지 붉게 물들인
그 이름으로 우리들은 어깨를 펴고
어떠한 역경 속에서도 굽히지 않고
해쳐나갈 수 있었던 게 아닌가
한 시절,
몸과 마음을 바쳐
죽어서도 이 나라의 수호신이 되겠다던
그 뜻을 이루지 못한 내 영혼은, 지금
어느 곳을 떠돌고 있는지…
아무리 힘들고 어려워도
길 아니면 쳐다보지도 않았다
세상 앞에 당당하고 부끄럽지 않은

삶을 위해 몸부림칠 때마다
해병 정신!
바다를 등진 채 가슴을 활짝 편
“청룡회관”이 반긴다
청룡… 바다 속 거센 물살을 박차고
하늘 높이 솟아오르는 푸른 용은
해병의 또 다른 이름
낯익은 얼굴들이 보인다
살아가는 방식은 달라도
해병이라는 자부심을 부적처럼
가슴에 품고 다녔을 그리운 얼굴들
노을빛이 한 차례 홀 안을 스쳐가고
군악대의 힘 있는 반주는
잠든 해병혼을 뒤흔들어 깨운다
어느덧, 여명 앞에 서 있는 바다
나라의 명령에 따르겠다고
자진해서 걸어 들어왔던 것처럼
스스로 선택한 또 다른 길
그 끝에서 활짝 웃게 될
자랑스러운 그대들이여, 건배!

강경역

하얗게 내뿜는
증기기관차의 기적 소리와 함께
멀리 떠났던 사람들, 그들의 등 뒤에서
한 점 그리움으로 남을 때까지
행운을 빌고 또 빌며
누구든, 못 잊어 돌아오는 이들에겐
반갑게 손 마주잡아주던
고향 역…
열차표 한 장씩 손에 쥐고
나무 의자에 붙어 앉아
희망의 열차를 기다리던 순한 눈빛들
된서리 하얗게 내린 새벽길
삐걱거리는 문 열고 들어서면
언 몸을 녹여주던
석탄난로는 보이지 않고
번개처럼 빠른 열차를 기다리며
연방 시계만 들여다보는 사람들
황산 갈대숲에서 우르르 몰려나와
열차를 가로막으려 했던
그 시절의 야윈 바람도 가고
기억의 촉수만이 아픔처럼 돋아나는
강경역…

다만, 내일을 기약할 뿐

마냥, 떠 있을 것 같은
저 높은 구름도, 언젠가는
그리움을 찾아 지평선 끝에 내려앉듯

흐르고 흘러 사방으로 흩어졌던
계곡의 차가운 물소리가 달빛 따라
외딴집 우물에 고이듯

목청을 높이고
때로는 얼굴 붉혔던 사람들도
그림자 길게 늘어지는 오후가 되면
벌써부터, 마음은 한 곳을 향한다

어느덧,
밤하늘은 서서히 열리고
경적소리는 길가에 쌓이는데
새로 만난 별들은 안부가 궁금하다

고향을 묻고
나이를 묻고… 그러나 더 이상
마지막 행선지는 묻지 않을 것이다
다만, 내일을 기약할 뿐

관리대상자

울릉도에서
아이가 잠시 휴가를 나왔다

아내가 말 한다
“네 아버지한테 전화 자주 드려라”
아이가 힘 들어간 목소리로 대답한다
“네, 시간 나는 대로 전화하겠습니다”
아내가 정색을 한다
“뭐? 시간 나면 전화한다고…?
치아라 마, 시간 없으면
시간을 만들어서라도 전화를 해야지…”

오늘부터, 난
작은 아이의 관리대상자

나도,
그 사람을 위해
없는 시간을 만들면, 그의 창가에
오래도록 스러지지 않을
꽃 한 송이 곱게 피어날까

그 친구

목소리라도 듣고 싶어
사방으로 흩어진 그 곳에서
깊게 뿌리를 내린
발가숭이 친구들에게 안부를 전하며
반가움을 나눴습니다
비가 내린 뒤여서
하늘은 높고 맑았습니다
그 친구 얼굴이 선명하게 보였습니다
그 옆 또 다른 친구의 모습까지
또렷하게 보였습니다
길게 심호흡을 했습니다
안부가 궁금했습니다
아득한 곳
그래도, 먼저 간 그들이
옛정을 잊지는 않았는지
가끔은, 기억 속을 다녀가곤 합니다
친구들이여, 안녕

나이

어젯밤에도 함께 잠자리에 들고
누가 먼저랄 것 없이
오늘 아침에도 함께 일어났다
그런데도 그는 벌써
문 밖에서 서성거리며 기다리고 있으니
부지런한 건지
생각이 없는 건지
알 수 없는 한결같은 행동
어렸을 적엔,
있는 듯 없는 듯 따라다녔고
좀 더 컸을 땐,
거리낌 없는 사이였는데
목소리가 조금 내려앉은, 지금은
스승으로 서 있다
가슴으로 살고
자신을 다스릴 줄 알아야 한다고
힘주어 말 하고, 다시
앞장서서 걸어가는 나이

노을

비상을 꿈꿨던
욕망의 숲을 지나

질퍽한
언덕을 넘어서

끝내는
온 몸을 불태우고
소멸하는 저 불꽃

다시, 희망이다

꺾인 꽃대를 바라보며

거짓말처럼
바람이 스쳐간 자리

꽃대의 허리가 꺾여 있습니다
'안 돼, 안 돼'
언젠가 외진 산길에서 만났던
자그맣고 붉은 패랭이꽃이
흐느끼고 있습니다

잠자리가 날아와
꺾인 꽃봉오리 위에 앉아
나지막이 속삭입니다

"울지 마 울지 마…
지난 날, 된서리에 눌려
날개가 꺾였을 때도 있었고
햇살이 눈부신 어느 날엔
방향을 잃고 헤맬 때도 있었어"

'그래, 누군들
침묵 저 밑에 숨겨놓은 아픔
어찌 한 둘 뿐이랴…!'

그래도, 난 그대의 이름을 부르리

넘어지는 파도,
찢겨지는 바람도 있습니다

그래도 그들은
다시 일어나 가던 길을 갑니다

터져 나올 것만 같은
그리움을 가슴에 품고
산을 넘고
또다시 건너는 강

때론,
중심을 잃고 밖으로 떼밀려도
등줄기 곧추세우며
부르고 또 부를 그 이름

비 개인 뒤

점령할 듯
비바람은 몰려오는데
자리에서 떠날 줄 모르는
산 속 나무들

비 개인 뒤
기운차게 꿈틀거리는
한여름의 푸르름은
나를 향해 조용히 말한다

먹구름이 몰려와도
몸을 낮추려 하거나
등을 보여서는 안 된다고

꿈인 듯,
그대의 산에도
가을빛으로 물들 날 있을 거라고

시행착오

"강원도로 가게 됐다고?"
"네, 바다가 아직 저를 놓아주지 않습니다
하하하"

젊은 경찰들이 길 가장자리에서
교통위반 차량들을 멈춰 세우고 있었다

아내가 아이에게 일러바치듯 말한다
"네 아버지도 안전벨트를 매지 않아
수업료를 냈단다" 시행착오만을 겪고 있는
나를 향해 아이가 말한다

"아버지께서는 배우고만 계시는 것 같습니다"
멋쩍어 하며 변명하듯 말했다
"옛 어른들께서 말씀 하셨잖아
죽을 때까지 배워야 한다고…"

섬을 떠나 뭍으로 올라온
작은 아이가 바다처럼 넉넉해 보였다

입버릇

어느 날,
아내가 흘리듯 한 마디 합니다
"당신은 늘 시작이라서 좋겠다"
그랬습니다
이젠, 그것도 부족해
"끝이 좋으면 다 좋은 거야"라는 말로
가볍게 되받습니다
물론, 한없이 부족하기만 한
스스로를 위로하고 미안해서 하는 말이지만
꼭, 그래서만은 아닙니다
어떠한 장애물이라도 거침없이 뛰어넘는
야생마처럼 달리고 또 달려
그렇게 한 생을 가로지르고 싶어
자주자주, 속삭이곤 합니다
"이제 시작이야"

징검다리

오늘은,
간절히 기도하던
어제의 소망
내일로 이어지는 징검다리

그 위에는, 언제나
무지개가 뜨고 별이 뜨고
그리움이 떠 있지만

간혹,
비가 내리고
갖가지 상념들이 흩날리고
아픔을 남길지라도

그 곳을 향해
한 발 한 발 내딛는
희망의 계단

항해

행여, 그 곳에 닿을까
노 저어 가는 길

해 저물면 수평선 위에
지친 영혼을 뉘이고, 눈을 뜨면
말간 햇살에 얼굴을 씻으며
다시 떠나는 길

때로는, 뱃머리를
되돌리고 싶었습니다만
쉽게 지워지지 않을 흔적들이
너무도 많습니다

쉴 새 없이
뱃전을 때리는 물살
바람은 등대 불빛을 흔들어
가까운 듯 먼 길

물결 위,
뛰어오르는 은빛
하나 둘 건져 올리며
노 저어 가는 길

제4부

아름다운 세상, 그리운 이여!

가을산

바람,
그 발길 머무는 곳마다
터지는 소리

언덕 위
먼 곳을 바라보던
한 나그네

계절 밖, 길게 벋어나간
밤나무 가지들을
연신 흔들어댄다

쏟아지는 그리움
온 산을 덮겠네

강화도 외포리에서

비릿한 바람이 반갑게 손을 내민다
교동도에서 불어왔을까
한 순간도 긴장을 풀 수 없었던
평화와 긴장이 공존하는 그 곳
하늘색 외투를 걸친 채
멀리 수평선을 바라보던 한 여인은
눈에 익은 물결, 섬 생활을 추억하는
사내 곁으로 다가서며 살며시 팔짱을 낀다
여객선은 출항 신호를 기다리고
또 다른 배들은 섬을 오가며
등 푸른 사람들과 철갑상어 같은
자동차를 연거푸 쏟아낸다
갯벌 한 쪽을 차지한 갈매기 떼는
저들만의 시장을 형성한 듯 분주하다
한 무리의 날렵한 바람이
수면 위에 내려앉자마자, 바다는
놀라기라도 한 듯 움츠림을 되풀이한다
섬 사이에 갇힌 바다
멀리멀리 달아나려 하지만
쉽사리 풀어주지 않는다
그림자를 붉게 물들이는 노을빛 깊다

겨울 바닷가

— 대천해수욕장

떨쳐내지 못한
반도의 분노인가

나약한 역사가 싫어
지우고 또 지우기를
반복하는 파도

휘장을 둘러치듯
함박눈이 펑펑 쏟아진다

발자국을 찍는다
이름을 쓰고 마음도 쓴다
심술부리듯 이내 파도가 덮는다

대륙에서 불어오는 칼 끝 바람
옷깃을 세우며 걷는다
그렇게 끝없이 걸어갈 것처럼

경계선

경계선을 사이에 두고
우리는 하나라고 말합니다

어느 곳까지 배려이고
어느 선을 넘으면 무관심입니까

어느 곳까지 부탁이고
어느 선을 넘으면 강요입니까
어느 지점까지 자유이고
어느 선을 넘으면 구속이라 합니까

어느 선을 넘으면 미움이고
얼마를 더 벗어나면 연민이 되는지
알 수 없지만

당신과 나, 그 영원한
동행을 위해 무너뜨리지 말아야 할
아슬아슬한 경계

그 때는 몰랐습니다

봄볕 아래를 지날 때마다
발걸음을 멈추게 했던
이름 모를 꽃나무

어느 해인가
마침, 골목을 휘젓고 돌아 나오던
그 나무의 향기를 만난 적 있습니다

지나가는 행인에게 물었습니다
"저 나무의 이름이 뭐지요?"
"라일락입니다"

먼 옛날,
그 소녀가 즐겨 입었던
보랏빛 스웨터에서 솔솔 피어나던
라일락 향기…
그 때는 몰랐습니다

그 이름 맞을까

더듬거리며 찾아간 인터넷 속
동창들의 모임 방
내보일 수 있는 마지막 증거인 양
동심의 사립문 밖에 내걸린
빛바랜 이름표
굳게 닫혔던 문이 열린다
가물거리는 추억
몸은 어느덧 제어할 수 없는
욕망의 질그릇으로 바뀌었지만
달려와 잡은 손 놓을 줄 모르는
저 올망졸망한 얼굴들
사이를 비집으며 고개를 내민
낯설지 않은 이름 하나!
동네 어귀에서, 골목길에서
말없이 스치곤 했던, 때로는
달빛 아래 잔잔히 흐르던 물결 위
수줍음으로 엷게 번졌던 그 아련함
지금은,
무엇으로 가슴을 채우고 있을까
조금은 궁금하지만
기억 저 너머
그 이름 맞을까

긴 여정

오르고 올라
가지 끝에 닿으면
쉽게 날아갈 줄 알았을까

나뭇잎 하나
두 눈 질끈 감고
호수 위로 톡…

물결을 타고
흐르고 흘러서
그대 곁으로 가는가

자유를 꿈꾸며
그렇게 먼 길 나서는가

동행

나란히 걷고 있으면서
혼자일 때가 있습니다

혼자이면서
제 그림자와 나란히 서 있던
어느 조용한 날의 모습처럼
함께 할 때도 있습니다

하루를 만나기 위해
밤길 헤쳐 온 샛별처럼
분주한 움직임

그렇게 굽이굽이 흘러
또 다른 나를 찾아가는 당신

등대

길목에서
당신을 기다립니다

외로움이 온 몸을 휘감아도
행여, 오시는 길 잃을까
움직일 수 없는 몸

밤길 더듬는
당신의 고단한 여정
어찌, 외면할 수 있으랴

깊어가는 밤
뱃길을 위해
눈을 더 크게 떠야겠습니다

밤을 잊은 그대에게

뗏목을 타고
침묵의 바다를 저어가는 저 별들도
때로는 힘들고 지칠 때가 있을까

타는 가슴으로
마주했던 잊지 못할
그 기쁨의 날은 저물어
긴긴 겨울밤에 묻힌다 하더라도
그리움이 흩날리면, 밤새워
그대에게 편지를 쓰려하네

맨발이면 어떻고
걸친 옷 변변치 않으면 또 어떠랴
뜨거운 열정, 한결같은 몸짓
그것을 소원하면서 묵묵히 걷는
나의 발걸음은 가볍기만 하다네

밤을 잊은 그대여, 그대는 아는가
영혼을 남김없이 태워
오래오래 꺼지지 않을 불꽃
그런 사랑을

순응

꺾이면 꺾인 대로
찢기면 찢긴 대로

받아들여야 한다며
침묵으로 서 있는 나무

한 무리의 새들이
날아와 앉는다

변두리,
내 삶의 나뭇가지에도
날아와 재잘거리는 새 있을까

이 가을엔

모두가 익어간다

마른 향기 풀풀 날리는
산 봉오리들이 익어가고
당신의 말씀이 익어가고
꿈도 익어간다

흐르는 물소리가 익어가고
철조망 위에 쌓인
염원도 익어가고
햇살도 곱게 익어간다

익어간다는 것
그것은, 겉껍질 모두를 벗겨내고
마지막, 한 겹
순수純粹로 남는 것

이 가을엔, 나도
그렇게 소리 없이 익어 가는가

있을 때 잘 해

"있을 때 잘 해"라는
짤막한 유행어…

처음엔,
생각 없이 들었지만
시간이 지날수록 자꾸만
고개가 끄덕여진다

부富를 말하는 건지,
존재存在를 말하는 건지
알 수야 없지만

앙상한 나무는
그늘을 만들지 못한다

"있을 때 잘 해"

연鳶

마음껏 하늘을 날아
꼬리를 흔들어대는 연

더 높이 오르고 올라
선을 벗어나기라도 하면
곧, 추락할 것 같은

당기면 끊어지고
잠시라도 한눈을 팔면
멀리 날아갈 것 같은

사랑은,
어린아이 목에 걸린
이름표…

파도

끝없는
야망

뭍을 향해 한 발이라도
더 가까이 가고 싶지만

늘
제자리

지쳐 넘어질 때까지
허물고 또 허물다 보면
그대 곁으로 다가서는 날 올까

해바라기

그대 그리워
목 길게 늘어뜨린 채, 그렇게
잠 못 이루는 날 많았습니다

이제, 망설임의 순간들은 가고
자유로운 세상에서
마음껏 꿈을 키우기 위해
까맣게 여문 언약들을 심습니다

희망을 밀어 올리며
숨이 턱 밑까지 차오를지라도
오직 그대의 이름만을 부르며
정녕, 당신 곁으로 가는가

혹, 바람이 몰려와 중심을 흔들어도
그대를 향한 의지의 푸른 날개
뜨거운 눈빛이 있는 한
쉽게 주저앉지는 않으리

머리 위, 된서리 내리고
작은 별들이 옷소매를 당겨도
한 뼘이라도 더 오르고 싶은
그대, 나의 꿈이여!

해후

— 울릉도

오늘은,
당신과 처음 만나는 날
여객선 창 너머로 끝없이 펼쳐진
바닷길은 멀기만 합니다
잊고 살았던 그 이름
뜻밖의 만남 앞에서 설렘의 파고는
점점 더 높아져만 갑니다
내 마음을 읽기라도 하듯
여객선은 쾌속 질주합니다
갈매기들이 보이기 시작합니다
첫발을 내딛으며 두리번거리는 나에게
양 팔 벌리며 다가서는 당신
상상 못했던, 그 아늑한
품 안으로 망설임 없이 들어갑니다
어느 곳을 둘러보아도
낯선 소리를 들어도
신비롭기만 합니다
아무 말 없이
나를 감싸 안아준 당신
잊지 못할 감동입니다

장마

강둑 높이까지 차올라
바다처럼 끝없이 넓어 보였던 금강
어른들은 전선을 끌어와 백열전등을 켜고
온 밤을 환하게 밝히며 언제 무너지고
넘쳐날지 모르는 강둑을 지켰다
그 날 밤에도 장대비는 쉼 없이 내렸고
군용 판초우비를 재단해 만든 비옷으로
머리까지 덮어썼지만, 앞을 가로막고
작은 몸뚱이를 사정없이 두들겼던 빗줄기
앞집, 유치원엘 함께 다녔던 소꿉친구
상옥이가 단발머리를 흠뻑 적신 채
등 뒤에서 부르며 말 했다
"쪼그만 게 우비를 입었네…"
말수 적고 키가 크며 얼굴이 동그랗던
그 애가 그렇게 말했을 때
까닭 모를 부끄러움 그 언저리부터
빗줄기는 점점 힘을 잃어가기 시작했고
모든 것을 집어삼킬 듯 사나웠던 물살은
도망치듯 뒷걸음치기 시작했다

눈을 부릅뜬 동네 어른들 앞에서
그렇게 두 무릎을 꿇고 말았던
황토색 아련한 기억

호수

어느 곳이든,
고여 있는 물은 평온해 보입니다

내 마음 역시
한 곳에 머물고 있을 때
비로소 안정을 찾습니다

그대는,
나의 호수입니다

제5부

잃어버린 별을 찾아서

4월의 꽃

— 2014. 4. 16. 진도 앞바다 여객선 침몰

"엄마, 어쩌면
소식 못 전하게 될지도 몰라
사랑해…"

깊은 소용돌이 속에서
무슨 일이 벌어진 걸까

조금과 사리 사이
절망과 기적 사이
일그러진 모습으로 떠오르는
4월의 꽃

영혼들이여,
이제는 부정과 탐욕으로
대한민국이 기우뚱거릴 때
언제든, 그들의 머리 위에 불화살을…

이루고 싶은 소망,
함께 했던 추억을 뒤로한
4월의 꽃송이들이여!
부디, 영면하소서

국립 현충원에서

— 철중, 사촌 형님을 떠올리며

쉴 새 없는 농사일에도
밤이면, 희미한 등잔불 아래
늦은 시간까지 책장을 넘기며
밑줄을 긋고 또 긋던 그 모습

설날이 다가오면
꿩과 토끼를 잡기 위해
덫을 놓은 눈 쌓인 뒷산으로 달려가
넘어지고 뒹굴며 함께 추억을 만들다
돌연, 자유의 깃발을 높이 흔들며
베트남 전장으로 떠났습니다

아이들이 부모 앞에서 담배를 피우고
대나무에 가시가 있다는 편지를 읽고
연신 고개를 갸웃거리며
늦은 밤, 강둑에 앉아
먼 남쪽 십자성을 바라보는 일이
잦아질 즈음, 포성은
어린 가슴까지 흔들었습니다

얼굴을 보듯
비문을 읽습니다
“베트남, 닌호아 전투에서 전사”
높고 푸른 하늘에서
환하게 웃고 있을, 그 이름
자유의 수호신이여!

그대를 바라보며

— 독도에서

경계선 밖,
몰려오는 파고를 무너뜨리며
늠름하게 서 있는 저 눈빛
누구는, 그대를
외로움이라 말 하지만
한순간이라도 떨쳐내지 못하는
긴장을 잠시 풀기라도 하면
가슴에 둥지를 틀고
무시로 날아다니는 평화를
거세게 밀어붙이는 바람,
입술을 깨물며 침입자를 향해
두 눈을 부릅뜬다
말을 걸지 않으면
떠오르지 않을 것 같은
저 영원한 침묵
조국은, 그대를 끝까지 품어야 할
뜨거운 사랑이라 부르리

나이테

당신과 나
참으로 멀리 와 있습니다
물안개 자욱한 강둑 너머
들녘을 바라볼 때만 해도 몰랐습니다
꽃 지고 그 자리에 노을이 앉으면
서둘러 바람은 골목을 빠져나갔고
초가지붕 위로 하얀 연기 모락모락
피어오를 때만 해도 몰랐습니다
뒤돌아보면 헤아릴 수 없는 날들
이젠, 흔들림 없을 것 같은
단단한 나이테
그 안에 고이 접혀 있는
꿈과 좌절, 열정과 희망을 만납니다
이렇듯, 당신과 나는 멀리 와 있지만
그들을 만날 수 있어 행복합니다
늘 그래왔던 것처럼 함께 할, 그대여
누가 뭐래도 그 날까지는
헤어지지 맙시다 우리…

노인

도심 속 공원,
붉은 꽃송이를
물끄러미 바라보던 한 노인

걸음을 걷다 멈춰 서서
꽃 한 송이를 꺾어
코끝으로 가져간다

밀려오는 그리움,
비록, 한 순간일지라도
가슴 벅차올랐을 그 때의 감동,
회한悔恨이라도 만났을까

느릿느릿 움직이는
등 굽은 그림자를 붉게 물들이는
석양빛, 앞뜰에 먼저 와 닿는다

대물림

아이들에게,
앉혀놓고 가르쳐 준 적 없는데
왜, 하필이면 나쁜 점만 닮는지
모를 일이다
그 옛날,
후회로 남겨진 일 많아
부모님을 떠올리기라도 하면
바로 어제 일처럼
고개를 제대로 쳐들지 못 하는데
어머니의 눈물인 양, 밤하늘 가물거리는
별빛조차 바로 못 올려다보는데
거울에 비친 듯
철없고 속 깊지 않은 행동을 보면서
웃음이 나올 때도 있지만
할 말을 잃기도 한다
이미, 먼 곳으로 날아갈 만큼
커다란 날개를 펼쳐 보이는 아이
아이들…

배경

"가족사진 안에는
언제나 아버지가 없네요"
어느 날,
작은 아이가 말합니다

돌이켜보면, 기회 날 때마다
가족의 자연스러운 모습을
카메라에 담느라
사각 밖에서
배경, 그대로일 수밖에 없었듯

나에게도
든든한 배경이 있었습니다

차마, 부르지 못할
어머니 아버지…

봄이 오면

봄이 오면,
내 작은 발은
흙먼지 날리는 신작로 따라
옛길을 걷는다

오래된 무덤들이
조용히 반겨 줄 뿐이지만
그래도 그 향기가 좋다

어머니의 아늑한 무덤
첫사랑의 꽃 무덤
강경 장날, 비틀거리다 넘어진
술꾼들의 가난한 무덤들…

강 건너 물기어린 바람이
가슴을 스치기라도 하면
내 영혼의 발은
눈을 감고 있어도 바쁘다

산사山寺 가는 길

5월의 능선을 타고
깊은 숲속으로 들어가면
나무들은 언제나 그러했듯
다투어 목을 빼내곤 했다

국민학교 다닐 무렵
부처님 오신 날
흙먼지 뽀얗게 날리던 신작로 갓길 따라
어머니와 함께 석성 정각사에 갔었다

그 날도,
햇살은 목덜미를 휘감았고
풀꽃향기는 아지랑이처럼 피어올랐지만
어머니는, 내 작은 손을 잡고
걷고 또 걸었다

옛길 따라
산사山寺 가는 길은
어머니 보고 싶어 가는 길

아이들

놀이터에서,
어린 아이들 여럿이 모여앉아
모래 위에 그림을 그린다
새를 그리고
엄마를 그리고
꽃을 그린다
몇몇이 만들어가는 우주
아이들의 이마에 땀방울이 맺힌다
저만치 달아나는 해를 뒤따르다
멈춰 선 어린 나무들
양 볼이 뜨겁다

어느 女人을 위한 기도

퇴근 시간,
네거리 앞을 지날 무렵
정지 신호로 바뀌었습니다

잠시,
길 건너는 사람들을 봅니다
환자복을 입은 한 여인이
어린 아이의 손을 잡고
달팽이처럼 건너가고 있습니다

어둠이 내려앉기 전에
모두가 기다리고 있을 그들 곁으로
안전하게 들어가야만 합니다

당신은,
누구도 대신할 수 없는
아직은 날개를 제대로 펼 수 없는
어린 천사의 어머니입니다

어머니

나무들은 모두가 어머니다
아직, 실핏줄도 선명한 나뭇잎
세상 밖으로 자꾸자꾸
달아나려 할 때마다
그들의 손목을 꼭 붙잡고 있는 손
언젠가,
언 땅 위에 떨어져 나뒹굴어도
가볍게 일어설 수 있을
그 때를 기다려
선뜻 손을 놓아주지 않으려는
저 모정…
그 옛날,
잡아주려는 어머니의 손을 뿌리치고
세상 밖으로 뛰쳐나온 탓일까
회한의 언덕, 계절은 바삐 가는데
곱게 물들지 못한 채
무심히 밟혀지고 말 것 같은
유년의 푸른 잎

옛사랑

어느, 무덤가에 피어 있는
철지난 진달래꽃을 봅니다

못 잊어
먼 길 마다하지 않고 찾아 온
옛사랑 같습니다

어느새,
희미한 추억들이
솔바람으로 모여들고

무덤 밖으로
웃음소리가 새어 나오지만

청춘의 어느 모퉁이에서
뜬눈으로 지새웠을
철지난 꽃

왜, 지금에서야

아장아장 걷기 시작했을 무렵
동네 어른들은
나의 이름을 부르기보다는
부엉이라고 더 많이 불렀다는
어머니의 말씀이 생각난다
왜 그렇게 부르게 됐는지
바로 여쭙지 않고
지금에서야 궁금해지는 걸까
봄꽃 같았던 그 모습
이제는 볼 수 없는데
다시는 한 마디 말도 건넬 수 없는데
아련한 기억 속 잔잔한 미소만을
젖줄인 양 붙들고 있을 뿐인데
왜, 지금에서야
자꾸만 궁금해지는 걸까

이웃 아주머니

유년의 봄날,
담장 밑 파릇파릇 돋아난
독새풀이라 불렀던 새싹을
무딘 칼로 조심스레 자르고 있던
이웃 아주머니를 보았습니다
그 뒤,
밀물과 썰물의 자리가 몇 번 바뀌고
그의 사립문 밖에는
흐느낌처럼 깜박거리는
호롱불이 내걸렸습니다
마른 먼지 풀풀 날리던
보릿고개를 넘지 못하고, 끝내
그렇게 주저앉아버린 사람
꽃상여도 없이 한과 설움이 배인
고샅을 떠나고 말았습니다
강물 따라 물거품처럼 떠내려갔던
가난의 흔적들
숱한 사람들의 주위를 맴돌며
끈질기게 따라다녔던 허기
하지만, 귀 기울이면 지금도
골목에 넘쳐날 것만 같은 웃음,
순한 눈빛들

황산등대

서해의 물결을 넘고 넘어
강경 포구로 들어오던
기선機船들의 뱃고동 소리
등대 불빛은 뱃길을 밝히고
그을린 어부들의 이마를 비추곤 했다
옥녀봉 느티나무 아래
기우뚱거리며 몰려오던 고깃배들
젖을 물기 위해 젖가슴을 헤집듯
부둣가에 몸을 빼곡히 붙인 채
풍어를 쏟아내는 질펀한 고함 소리
강경 장날은 그렇게 문이 열리고
비로소, 졸리는 눈 스르르 감았던
황산 등대…
한 시절,
등대 밑을 맴돌았던 강물은
그 날 이후
점점 커져가는 외로움을 다독이며
얼마나 많은 밤을 뒤척였을까
갈대숲 새들의 둥지 너머, 강물은
여전히 그 환영幻影을 떠올리며
멀고 긴 망각의 세계로
흘러, 흘러서 가네

용서

눈부신 햇살 아래
옛이야기 새록새록 돋아나는
부모님 무덤가

미처,
마음을 헤아려 드리지 못한 죄
너무 크고 부끄러워

두 무릎 꿇었건만, 끝내
말씀 한 마디 안 하시는
부모님

꿈속에서라도
손 한 번 잡아주시면…

울타리

세상 속에
뿌리 내리고, 어느새
새순을 키우는 아이들

어렸을 적,
아늑한 어머니 품 안에서
이상理想의 눈을 깜박거리며
세상 밖을 궁금해 했던, 난
어떤 사람이었을까

이미,
먼 나라에 계신 부모님께
조심스레 여쭙는다면
어떤 답을 내려 주실는지

청춘의 대문을 박차고
영영 안 볼 듯 달아났던
새벽별 하나 울타리에 걸려
숨소리 가쁘다

■ 작품해설

운명적 희생과 절절한 그리움

— 박승범 시인의 3시집을 중심으로

문학평론가 **리 헌 석**
(사) 문학사랑협의회 이사장

1.

박승범 시인과는 동시대를 살아왔습니다. 겨레의 목을 조이던 6.25 남침, 모두가 허덕이던 그 즈음에 태어나서 보릿고개를 겪으며 자랐습니다. 우리 현대사의 50년대와 60년대는 각자 삶의 차이는 있을지 몰라도, 대부분 생명의 위급을 체험하며 자신도 모르게 희생의 세월을 보내야 했습니다. 우리가 살아내던 역사적 상황이 그러했습니다.

그래서 6.25 전후에 태어나고 자란 6.25동이들은 자신을 희생하는 생활에 순응하며 살아낸 것 같습니다. 자신의 가슴이 타들어가도, 그칠 줄 모르는 눈물로 새로운 세상, 새로운 사람, 새로운 삶을 노래하는 운명을 타고 난 것 같습니다.

박승범 시인과 지음(知音)이 된 계기는 짧은 시 한 편을 감상한 후였습니다. 〈가파른 비탈에서도/ 목을 꼿꼿이 세우고/ 하늘을 본다〉 시인이 쓴 「나무」는 석 줄로 된 단형의 시입니다. 어찌 보면 당연한 서경(敍景)을 꾸밈없이 노래한 것도 같습니다. 그러나 동시대를 살아온 사람의 입장에서 보면, 나무처럼 고개를 꼿꼿이 들고 하늘을 바라보는 것이 얼마나 절실한 소망인가를 잘 알고 있습니다. 그래서 가슴을 먹먹하게 할 정도로 감동을 주는 작품입니다. 그런 시심이 새 시집에서도 산견(散見)됩니다.

넘어지는 파도,
찢겨지는 바람도 있습니다

그래도 그들은
다시 일어나 가던 길을 갑니다

터져 나올 것만 같은
그리움을 가슴에 품고
산을 넘고
또다시 건너는 강

때론,
중심을 잃고 밖으로 떼밀려도
등줄기 곧추세우며
부르고 또 부를 그 이름

—「그래도, 난 그대의 이름을 부르리」 전문

그리움과 소망으로 시를 빚는 박승범 시인의 간절한 눈빛은 첫 시집 『새벽달로 어둠을 쓸며』(1996)와 두 번째 시집 『나무는 비탈에서도 하늘을 본다』(2004)에 이어 세 번째 시집 『그래도 난 그대의 이름을 부르리』(2015)에 이르기까지 일관(一貫)하고 있습니다.

첫째 연 〈넘어지는 파도/ 찢겨지는 바람도 있습니다〉에서 시인의 역설적 시법(詩法)을 확인합니다. 바람이 불어 파도가 생기는 것이고, 바람에 따라 파도는 다양한 양상으로 변화를 하는 것이 자연의 이치입니다. 그러나 작품에서는 파도가 주체로 나타납니다. 이 파도로 인하여 바람이 찢겨진다고 노래합니다. 이처럼 상식과 논리를 벗어난 표현임에도 독자들은 더 큰 감동으로 수용하게 되는데, 이와 같이 자연스러운 역설법이 박승범 시인의 문학적 자산입니다.

찢어지는 아픔을 겪지만, 〈그래도 그들은/ 다시 일어나 가던 길〉을 감으로써 정서의 일상화에 이릅니다. 〈터져 나올 것만 같은/ 그리움〉으로 의연하게 〈등줄기〉를 곧추세웁니다. 때로는 생명의 소잔마저 감수하며 질정할 수 없는 그리움으로 '그 이름'을 찾아 헤매는 것이 시인의 운명이기도 합니다.

2.

박승범 시인은 충남 부여군에서 태어납니다. 어릴 때에 인접한 논산시 강경읍으로 이사를 하여 성장합니다. 강경상업고등학교를 졸업하였는데, 그의 모교에는 박용래 시인, 김관식 시인, 김영배 시인 등 저명한 선배들이 문학의 기틀을 닦은 곳입니다. 해병(海兵)에 지원하여 복무를 마친 다음, 직장 생활을 하면서도 문학에 대한 열망을 가꾼 것은 우연이 아닐 것입니다.

시인은 뒤돌아 추억하면서 부모님께 효도를 다하지 못한 것을 후회합니다. 〈그 옛날/ 후회로 남겨진 일 많아/ 부모님을 떠올리기라도 하면/ 바로 어제 일처럼/ 고개를 제대로 쳐들지 못 하는데/ 어머니의 눈물인 양, 밤하늘 가물거리는/ 별빛조차 바로 못 올려다보는〉(「대물림」) 순수를 가꿉니다.

특히 어머니는 추억의 중심에서 빛나는 별입니다. 시인은 초등학교 시절 '부처님 오신 날'에 어머니 손을 잡고 절에 갑니다. 양력

5월의 〈햇살은 목덜미를 휘감았고/ 풀꽃향기는 아지랑이처럼 피어올랐지만/ 어머니는, 내 작은 손을 잡고〉(「산사 가는 길」) 걷고 또 걸어 석성면의 정각사에 이릅니다. 그때 그 햇살, 그 어머니가 그리워서 시인은 '옛길 따라' 그 길을 걷습니다.

나무들은 모두가 어머니다
아직, 실핏줄도 선명한 나뭇잎
세상 밖으로 자꾸자꾸
달아나려 할 때마다
그들의 손목을 꼭 붙잡고 있는 손
언젠가,
언 땅 위에 떨어져 나뒹굴어도
가볍게 일어설 수 있을
그 때를 기다려
선뜻 손을 놓아주지 않으려는
저 모정….
그 옛날,
잡아주려는 어머니의 손을 뿌리치고
세상 밖으로 뛰쳐나온 탓일까
회한의 언덕, 계절은 바삐 가는데
곱게 물들지 못한 채
무심히 밟혀지고 말 것 같은
유년의 푸른 잎

—「어머니」 전문

박승범 시인은 '어머니'를 절절하게 그리워하면서도 직설(直說)보다는 비유와 상징을 활용합니다. 어머니와 자녀들의 관계를 나무와 나뭇잎으로 비유하여 단선적 구조를 탈피합니다. 보조관념으로서의 나무와 나뭇잎은 바로 시인의 경험에 바탕을 둔 것이어서 진실성을 확보합니다. 말미에 있는 〈유년의 푸른 잎〉도 그러합니다.

시인은 「봄이 오면」에서 〈오래된 무덤들이/ 조용히 반겨 줄 뿐이지만/ 그래도 그 향기가 좋다〉고 밝힙니다. 〈어머니의 아늑한 무덤/ 첫사랑의 꽃 무덤/ 강경 장날, 비틀거리다 넘어진/ 술꾼들의 가난한 무덤들〉을 추억하면서 어머니 품의 '아늑함'을 그리워합니다.

추억에는 뚜렷하게 남아 있지만, 세상에서는 이미 사라져버린 사물에 대한 그리움도 작품으로 빚어 새 생명을 부여합니다. 「황산등대」는 없어진 이름입니다. 그렇지만 〈불빛은 뱃길을 밝히고/ 그을린 어부들의 이마를 비추곤 했다〉고 추억합니다. 〈옥녀봉 느티나무 아래〉 〈풍어를 쏟아내는 질퍽한 고함소리〉를 환청처럼 듣습니다. 이런 그리움은 〈등대 밑을 맴돌았던 강물〉 〈외로움을 다독이며/ 밤을 뒤척이는 강물〉이 되어 물아일체(物我一體)의 경지에 이릅니다.

3.

박승범 시인에게 아내 강영자 여사는 모성(母性)의 표상입니다. 좋은 일이 있을 때는 가장 먼저 함박웃음으로 다가섰으며, 어려운 일이 있을 때마다 부축해 주었고, 가슴 떨릴 때 손을 잡아주는 사람입니다. 세상과 떨어져 외롭게 살아가는 시인의 안식처가 되기도 하고, 때로는 멀리 떠났다가 다시 돌아올 수 있는 고향의 품이 되기도 합니다.

시인의 원심력(遠心力)은 아내를 외롭게 할 때도 있었을 터입니다. 자신의 눈으로 세상을 읽어내고, 자신의 마음으로 타인을 믿고 살아가는 과정에서 절망의 순간을 체험하기도 했을 것입니다. 아내는 자신의 눈높이에서 '세상 살아가는 법'을 알려 주는데도, 시인은 본래의 모습으로 돌아갑니다. 그 모습을 보면서 아내는 시니컬해질 수밖에 없습니다.

순수하고 새로운 발상을 꿈꾸며 살아가는 시인을 향하여 "당신은 늘 시작이라서 좋겠다."고 말합니다. 새로운 시작을 늘 소중하게 생각하는 시인은 〈어떠한 장애물이라도 거침없이 뛰어넘는/ 야생마처럼 달리고 또 달려/ 그렇게 한 생을 가로지르고〉(입버릇) 싶지만, 현실의 벽에 막혀 결행하지 못한 채, 아내의 구심력(求心力)에 매어 있습니다. 그는 날지 못하는 이카로스가 되어 그리움을 노래할 뿐입니다.

청춘의 산모롱이
다시 피어오르는 그리움

햇살 닿는 곳이면
더 바랄 게 없지만
못 본 척
아무도 눈길 주는 이 없어도
비 개인 날
푸른 하늘을 볼 수만 있다면
별을 볼 수만 있다면

마냥, 머물고 싶은
당신의 가슴처럼
그렇게 아늑한 곳이면…

—「들꽃의 노래」 전문

시인이 향하는 '그리움'의 기항지(寄港地)는 '당신의 가슴'입니다. 시인의 가슴에 남아 있는 '아내'의 이미지는 늘 「상처 자국」이어서 미안한 마음입니다. 그 아내는 〈허리 꺾인 채 꽃등을 달고 있는/ 나무〉로도 보입니다. 〈불편한 날개를 연신 퍼덕이며/ 어디론가 부지런히 날아가는/ 한 사내〉로서 자신을 돌아보며 〈상처 자국은 아물어/ 새살이 돋아난 뒤〉에 깨달을 뿐입니다. 그렇지만 상처는 시인에게

〈삶의 자양분이 되고/ 희망의 뿌리〉가 되었기에 행복하게 추억합니다. 남아 있는 추억이 정겹게 살아가는 계기가 됩니다.

시인의 생업은 포크레인 기사입니다. 이순(耳順)을 넘긴 시인에게는 신체적으로 벅차게 느껴질 작업일 터입니다. 측은지심(惻隱之心)으로 바라보던 아내가 현장을 찾습니다. 〈느릅나무 아래/ 어린 별들을 거느리고/ 늦은 밤까지〉 기다리던 아내가 〈어떻게 일하는지 궁금하다며/ 현장엘 와 보고 싶다〉더니 불쑥 찾아와 수줍은 듯 웃고 있습니다.

이렇듯이 시인과 아내는 각자의 자리에서 최선을 다하면서, 선뜻 찾아와 미소를 나누는 관계입니다. 그 사이에 끼어 있는 희로애락(喜怒哀樂)은 삶의 활력소이자 시를 짓게 만드는 원동력으로 작용합니다.

4.

박승범 시인은 2남(二男)을 양육하느라 생활의 안락(安樂)을 희생합니다. 부창부수(夫唱婦隨)였을까, 시인의 아내 역시 보람의 순간을 기다리며 고통을 감내합니다. 오랫동안 영국에서 유학하고 있는 장남의 학비를 마련하느라 부부는 경제적으로 힘든 세월을 보냅니다. 그 장남이 몇 년 전에 귀국하여 좋은 직장에 다니고 있어, 시인 부부의 생활은 안정을 찾은 것 같습니다.

차남은 경찰대학교를 졸업하고 국가의 보위와 질서유지를 위한 본업에 충실하고 있습니다. 시인은 작은 아이가 독도 수비대 책임자로 근무하는 것을 대견해 했습니다. 우리 영토를 지키는 아들을 자랑스러워했습니다. 그 아들이 결혼을 한다면서 기꺼워합니다. 며느리의 박사학위 수여식에 참석하였다며 간접적으로 자랑하기도 합니다.

현실의 어려움을 참고 견디며 기다렸던 시인 부부의 보람일 터입니다. 보람을 공유하며, 그 과정을 노래한 작품이 새로운 감동을 생성(生成)합니다.

그것은,
수년도 아닌
평생을 공들여
꺾인 꽃대를 일으켜 세우는 일

이른 아침
먼 바다를 향해
가슴을 부풀리는 어선처럼
희망이며 잔잔한 설렘

절망의 언덕에서도
의지의 꽃이 피어나듯
그렇게 향기를 품고
소리 없이 다가오는 것

한 발 더
앞지르고 싶어 하는 그대여!
이제는, 가슴 한 곳에
기다림 한 그루쯤…

—「때로는, 기다림」 전문

〈향기를 품고/ 소리 없이 다가오는〉 보람을 찾기까지 시인 부부는 눈물어린 세월을 보냅니다. 차 한 잔을 나눌 때 아내는 이렇게 말을 꺼냅니다. 〈봉지쌀 알아요?〉 이 말은 모든 것을 잃고 다른 세상을 엿보고 있을 때 아내가 한 말입니다. 〈그 사람은, 차마/ 생존의 끈을 놓을 수는 없었나 봅니다〉(「바보」)라고 형상화한 구절에서 이승과 저승의 중간 지대에서 곤고(困苦)하게 살며 나누던 대화임을 알게 합니다.

시인은 〈시간이 좀 흐르긴 했어도/ 아무 일 없었다는 듯/ 건강하게 보이는 그 웃음 속에는/ 지금도 눈물이 묻어나곤 합니다〉라며 고통스런 날들을 추억합니다. 아내와의 대화 사이에서 속울음을 울 것 같은 자신을 바보라고 생각합니다. 그러나 이 작품의 행간에는 극한 순간에도 서로 대화를 하면서 고통을 극복하는 아름다운 시심이 녹아 있습니다.

이러한 과정을 거쳤기에 시인은 〈시간마저 멈춰버린 창백한 병실에서/ 기도문〉을 욉니다. 이제는 창 밖에서 들리는 비명까지도 정겹게 느낄 정도로 안정을 찾습니다.

5.

이순(耳順)을 넘긴 박승범 시인은 평안한 표정입니다. 그의 내면에는 아직도 찾아 헤매고 싶은 보헤미안의 천성이 살아 있을 터입니다. 이카로스처럼 하늘을 날고자 하는 시인의 상상력은 오늘도 눈빛을 형형하게 밝히고 있을 것입니다. 세상을 향한 서정의 안테나에는 아직도 싱싱한 소망이 헤엄치고 다닐 터입니다. 그래서 시인은 삶의 구심력에 바탕을 둔 원정(園丁)의 생활을 하면서도, 프론티어의 꿈을 시에 얹어 발신(發信)합니다.

이제 요철(凹凸) 위를 달리던 삶은 추억에 담아놓고 가끔 꺼내볼 뿐입니다. 자녀 걱정과 생활고에서 벗어나 유유자적하는 시심으로 유려한 작품을 빚어낼 것 같습니다. 이렇듯이 평온한 내면이 작품에 투영되어 있습니다. 그를 지켜보는 지음(知音)으로서 얼마나 다행스러운지 모릅니다.

좋은 곳 찾아

모두들 떠난 자리

여기
이대로
난 편안합니다.

큰 길 따라가던 바람 한 줄기
낮은 언덕 아래로 내려와
내 작은 꽃잎 어루만지는
당신의 손길

여기
이대로
난 행복합니다

—「민들레」 전문

씨앗을 바람에 날려 보내고 쓸쓸히 남은 민들레 마른 줄기로 시인은 서 있습니다. 그러나 씨앗들이 각각 자신의 영지(領地)를 찾아 떠났기 때문에 마음이 편안합니다. 민들레 마른 줄기는 외롭거나 괴롭지 않습니다. 긴 세월 간난신고(艱難辛苦)를 참고 견디며 가꾸어 온 씨앗들을 날려 버리는 일은 부모로서 해야 할 사명이기 때문입니다.

바람에 날리는 우모(羽毛)를 타고 민들레 씨앗은 세상으로 나섭니다. 그 씨앗이 자리를 잡아 새로운 싹을 틔우고 자라면 마른 줄기의 삶은 보람찬 일생(一生)일 것입니다. 시집을 발간할 때마다 새로운 서정을 노래하는 박승범 시인은 일신(日新)하고 우일신(又日新)하면서 시의 정수(精髓)에 이를 것이라 믿습니다.

그래도, 난 그대의 이름을 부르리

박승범 시집

발 행 일 | 2015년 4월 12일
지 은 이 | 박승범
발 행 인 | 李憲錫
발 행 처 | 오늘의문학사
출판등록 | 제55호(1993년 6월 23일)

주 소 | 대전광역시 동구 대전로 867번길 52(삼성동 한밭오피스텔 401호)
전화번호 | (042)624-2980
팩시밀리 | (042)628-2983
홈페이지 | http://www.lito77.co.kr(홈페이지)
전자우편 | hs2980@hanmail.net

공 급 처 | 한국출판협동조합
주문전화 | (070)7119-1752
팩시밀리 | (031)944-8234~6

ISBN 978-89-5669-673-7
값 8,000원

* 이 책은 (주)교보문고에서 E-Book(전자책)으로 제작 · 판매합니다.
* 잘못 제작된 책은 바꾸어 드립니다.